JN411705

글·그림 무웅

우리 친구들은 매일매일 일상에서 새로운 세상을 배워 갑니다. 이 성장의 과정에서 친구들이 알아가야 하는 것은 정답이 아니라 스스로를 지키고 바로 세우는 기준이 될 '바른 인성'입니다.

그중 가장 기본이 되는 어떻게 말해야 하는지, 어디까지 행동해도 되는지, 사람 사이에서 지켜야 할 선이 무엇인지 아는 일. 이것을 우리는 '예절'이라고 부릅니다. 예절은 우리를 옭아매는 규칙이 아니라 나를 지키고 다른 사람을 지켜 주는 약속과 같습니다.

말이 가벼워지면 오해가 생기고, 행동의 선이 흐려지면 관계는 쉽게 무너집니다. 사자소학에는 그 흔들리지 않는 기준이 짧고 분명한 문장에 담겨 있습니다. 옛사람들이 남긴 생활 속 이 원칙들은 시대가 변해도 변치 않는 삶의 지혜가 됩니다.

《학 선비님, 사자소학이 뭐예요?》에서는 친근한 학 선비 가족의 일상 이야기에 사자소학을 담아 어린이 친구들이 사자소학을 즐겁게 경험하도록 구성했습니다. 갈등이 많은 세상 속에서, 우리 친구들이 타인과 조화롭게 어우러지는 단단한 마음의 힘을 얻길 바랍니다.

학 선비 무웅

1장 가족을 사랑하고 공경해요

2장 웃어른께 예의 바르게 행동해요

3장 친구와 사이좋게 지내요

4장 바른 마음으로 바르게 행동해요

5장 열심히 배우고 노력해요

힝~.

학선아,
왜 그러느냐?

아부지,
오빠가 나보고
복어 닮았대요.

학아~~.
네~.
왜 학선이를
놀렸느냐?
놀린 게 아니라
전 보이는 그대로
솔직하게 얘기했어요.
우워어어어!

생각하고
말한 것이냐?

말하는데
생각을 꼭 해야
하나요?

허허.

생각을 하지 않고
말을 하다 보면
실수가 생긴단다.
실수요?
전 안 그래요!
아니,
오빠 그래~.
내가
아까 얼마나
상처받았다고!
학아, 그래서
다른 사람 입장에서
생각하고 말해야
한단다.
다른 사람을 대할 때나
나 자신에게도 지켜야 할
예절이 있단다.
저에게도요?
우리 학이가
잘 모르는 것 같으니
인성·예절 교육을
해야겠구나.
교육은 싫은데….

과거 조상님들께서는
어린이들을 위해
사자소학을 만드셨단다.

저도 들어 봤어요.

사자소학은 어린이들이
올바른 인성과 예절을
쉽게 배울 수 있도록
네 글자로 만들어졌단다.

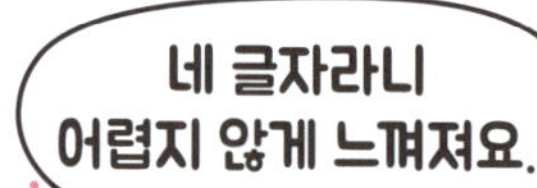
네 글자라니
어렵지 않게 느껴져요.

아부지, 그럼
제가 읽어 볼게요.

음….
무슨 말인지
하나도 모르겠어.
사자 소학

그래서 이 아비가
너희 일상에 사자소학을
담아 보았단다.

쉽고 재미있는
사자소학 이야기!

오예~.

우리가 주인공이라
더 재미있어요.

정말?

학 선비님,
저희에게도
나누어 주십시오.
좋다! 풍악을 울려라~.
좋은 것은 나눠야지.
함께 사자소학
속으로 출발!

1장

가족을 사랑하고 공경해요

부모님의 은혜는 높기가 하늘과 같고 덕은 두텁기가 땅과 같아요.

恩高如天 德厚似地

은혜 은 | 높을 고 | 같을 여 | 하늘 천 | 클 덕 | 두터울 후 | 닮을 사 | 땅 지

으악!
앗, 차가워!!
으아~~.
재석이 너어!!

휘잉~

어어어~.
재석이 살려!

아이고, 애들이 비에 다 젖었겠네. 빨리 가야겠다.
다다다

엄마, 오려면 조금만 더 일찍 오지!
맞아. 그랬으면 안 젖었을 텐데.
미안해….
학이네

쏴아아
恩高如天 德厚似地

아직도 비가 내리네.

명필이로다!

어?

엄마 닭이 비 맞지 말라고, 병아리들을 씌워 주잖아. 자긴 홀딱 젖었으면서.

어! 아까
우리 엄마도….
힝, 죄송해요.
맞아.

부모님의 은혜는 높기가 하늘과 같고,
덕은 두텁기가 땅과 같다고 하더니.

어머니~.
아까는
죄송해요.

제가 어깨
100번 주물러
드릴게요.
난 다리 100번!

오늘의 미션
전화를 끊으며 '사랑해' 말하기
엄마,
사랑해요!
학이도요!!
나도요,
여봉~. ♥

02

부모님이 외출하시거나 들어오실 때는 반드시 일어서서 인사해요.

父母出入 每必起立

아비 부 | 어미 모 | 날 출 | 들 입 | 매양 매 | 반드시 필 | 일어날 기 | 설 립(입)

1시간 후

아이고,
우리 바둑이만
반기는구나.
살랑
살랑

하하하

잠시 후

학아,
우리 집에 떡볶이 있다!
학선이랑 먹으러 올래?

학선아,
빨리 가자!
OK!

녀석들
먹을 거라면….

헉!
엄청 빠르네!!
우리 왔어!
쌩~

우아,
맛있겠다!

엄마가
너희랑 먹으라고
만들어 주셨어.

잘 먹겠습니다!!

잠시 후
재석아,
엄마 왔다.
어머니!!

먹다 말고
어딜 가?

안녕히
다녀오셨어요!
뜨헉
깜짝

….
….

안녕하세요!
그래.
맛있게 먹으렴.

우아!
재석이 넌 인사를
엄청 잘하는구나.
최고!!

당연하지.
어른이
들어오셨는데.

좋아!
우리도 바른 건
따라 하자!

오늘의 미션
현관에 나와서 인사하기
안녕히
다녀오셨어요!
그래~.
아빠가 붕어빵
사 왔다!!
오, 예!
신난다~.

03

나갈 때는 부모님께 알리고 들어오면 반드시 얼굴을 보여 드려요.

出必告之 反必面之

날 출 | 반드시 필 | 고할 고 | 갈 지 | 돌이킬 반 | 반드시 필 | 낯 면 | 갈 지

얘가
말도 없이
어딜 갔지?

예약 시간도
다 되어 가는데,
어쩌나….

오빠가 정말
가고 싶어 하던 곳인데.
어쩔 수 없죠.
우리끼리라도 가야죠!

에구구, 학이 안됐다냥,
맛난 것도 못 먹고.
도대체 어딜 간 거냥?

음, 내가 안다냥!
좀 전에 재석이네서
게임하고 있었다냥.

재석이네

얍얍!

퍽
퍽
퍽
오~.
정말 재미있다!

KO
KO!
고국에 계신
동포 여러분,
기뻐해 주십시오~.
학이가 우승을
했습니다!!
야!
게임 잘한다고
누가 상 주냐?
그나저나
너 우리 집에 온 지
6시간이나 지났어.
집에
말은 하고
왔지?
아니, 그래야 해?
나 배고파서 집에 간다.
집에서
걱정하셨겠다.
내가 죄송하네.
괜히 게임을
하자고 했나 봐.
학이네

학아,
기다리다가 우리끼리
외식하러 간다.
예약하기 정말 힘든 곳이라
취소할 수가 없었어.
냉장고에서 반찬 꺼내서 밥 먹으렴.

-엄마

04

부모님이 명하시면 머리 숙여 공손히 들어요.

父母有命 俯首敬聽

아비 부 | 어미 모 | 있을 유 | 목숨 명 | 구부릴 부 | 머리 수 | 공경할 경 | 들을 청

그만 먹고 싶은데,
자꾸 손이 가요.
냠냠 쩝쩝.

에구에구,
저러다 배탈이라도
나면 어쩌려고….

병원 가는 것도
싫어하면서.

비켜~.

각오해라!
오너라,
만만한 녀석!

슛!
뽀각

으앙~.
이가 부러졌나 봐.

흠, 공에
맞은 건 괜찮은데,
충치가 생겼네요.
치과

일어나도 된단다.
치료했으니 이제
괜찮을 거야.

휴우~.
학아, 미안해.

아니야.
충치 때문이라잖아.
내가 양치질을 안 해서
그런 건데 뭘.

오라버니
왔다.
치과
다녀왔다며?

'부모유명 부수경청'
이 말을 잊고 있었네.
그러게 아부지가
양치하랄 때 했으면
좋았잖아.

윽,
갑자기
배가!

너도 엄마 얘길
들었으면,
배탈이 안 났지.
후다닥

학선이 살려!

부모님이 명하시면
머리 숙여 공손히 들어요.
학선아, 우리 이 말을
잊지 말자.

응.
부모님 말씀엔
다 이유가 있었어.

우리 학이랑 학선이가
좋은 깨달음을 얻었구나.

아부지,
앞으로 양치질
잘 할게요.
저도
아이스크림을
한 개씩만
먹을게요.
그래.
우리 마음을 알아줘
고맙구나.

오늘의 미션
부모님 말씀에 말대꾸하지 않고 듣기
학아,
이것은 이렇고
저것은 저렇단다.
어떠냐?
예~.
그렇게
하겠습니다.

부모님이 부르시면 대답하고 바로 달려가요.

父母呼我 唯而趨進

아비 부 | 어미 모 | 부를 호 | 나 아 | 오직 유 | 말 이을 이 | 달릴 추 | 나아갈 진

재석이
움직였어!
윽!

재석이 아웃!
재석이 아웃!
휙

으악!

무궁화꽃이
피었습니다가
뭐 이래?

넌 드라마도
안 봤냐?
좋아.
그렇다면….
간다~~.
야!
반칙이야,
반칙!
이거나
먹어라!

학아, 학선아!
엄마 좀….
출렁
출렁
쌔앵~

어머니, 재석이 좀
말려 주세요.
하하하.
못 잡지롱.

어, 새끼 냥냥이다.

우아,
너무 귀여워.

냐옹~.

어? 냥냥이 엄마랑
새끼가 만났어.
냐옹~.

냐옹~.
냐옹~.

우리 엄마도
아까 부르셨는데.
왜 부르셨지?
글쎄….
혹시 도움이 필요하셨을까?
급한 일은 아니었겠지?

부모님이 부르시면 대답하고 바로 달려가라 했는데.
부모호아 유이추진!

오~.

학선아! 학아!

네! 어머니!
지금 갈게요!

흠, 우리 엄마는 언제 날 부르시려나? 나도 바로 달려가야지.

오늘의 미션
부모님의 부름에 '네!' 대답하기
학이! 학선아!
부르셨어요?
네네, 아버지!

부모님이 주신 신체와 머리털을 상하게 하지 않아요.

身體髮膚 勿毁勿傷

몸 신 | 몸 체 | 터럭 발 | 살갗 부 | 말 물 | 헐 훼 | 말 물 | 다칠 상

우리 아기,
나는 연습할
준비되었니?

네네!! 헬멧으로
완전 무장했습니다!

아주 잘했어.
아랫집 학 도령처럼
하면 어떻게 될까?

부모님이 주신
신체를 상하게
할 수 있어요.

다치는 것도 안 되지만,
부모님이 마음 아파하세요.

우리
참돌이는
참 영특하기도
하지.
이게
무슨 소리냐?
쿵

으악!
힝~, 머리가
너무 아파.
으이구~.
거봐, 헬멧
쓰라고 했지!

학아! 괜찮은 것이냐?
어서 병원에 가자!
호~.
흠, 다행히 타박상만
입은 것 같네요.
다른 이상은 없습니다.
아이고, 이 녀석아.
아비가 얼마나 놀랐는지….
학아, 혹시
'신체발부 물훼물상'이란
말을 알고 있니?
예. 부모님이 주신
신체와 머리털을
상하게 하지 말라는….
괜찮다!
힝힝.

앞으로는
아는 것을 실천해 보렴.
실천이 중요하단다.

네.
감사합니다.

누구나 실수한단다.
다시 그러지
않으면 되는 거야.

학이네
아부지,
죄송해요.

오빠는
내 말만 들었어도
안 다쳤을 텐데.
반사!

이런!! 더
깨달아야겠구나.

오늘의 미션
거울 보며 나에게 '넌 소중해'라고 말해 주기
넌 소중해~.
넌
사랑받기 위해
태어났어.

부모님이 걱정하시니 높은 나무에 오르는 것처럼 위험한 행동은 하지 않아요.

勿登高樹 父母憂之

말 물 | 오를 등 | 높을 고 | 나무 수 | 아비 부 | 어미 모 | 근심할 우 | 갈 지

학선아,
어서 내려와.
너무 위험해.

괜찮아.
걱정 말라고!
미끌

으악!

착

아이고,
학선이까지!

꽈당

헉, 학선아!
어서 내려와,
아부지 기절했어.
헐….

아부지~.

아부지,
여긴 안전해요!
냐옹.

봐요.
새끼 야옹이도
올라왔잖아요.

냐옹!

냥~, 냥~.

아닌가?
어미 고양이도
걱정했나 봐.

아부지,
괜찮으세요?

학선아,
어디 다친 데는
없니?

걱정 끼쳐
드려서 죄송해요.

다음부터는 위험한 곳에
올라가지 않을게요.

그래,
고맙다~.

학선아, 감은 오빠한테
따 달라고 했어야지.
내가 올라가서 따 줄게.

에고고, 이놈들~.
옛말에 부모가 걱정할 일은
하지 말라고 했거늘.

아부지!!
쿵

오늘의 미션
안전 규칙 잘 지키기
좌우를 보고!
잘한다!
우리 학이, 학선이
만세~.
손을 들고
건너기!

어떤 일을 할 때는 반드시 부모님께 묻고 자기 멋대로 하지 않아요.

事必稟行 無敢自專

일 **사** | 반드시 **필** | 여쭐 **품** | 다닐 **행** | 없을 **무** | 감히 **감** | 스스로 **자** | 오로지 **전**

엄마께 한번
졸라 볼까?

학아, 포기하고
제기나 차자.
….

그래요.
학이 형님,
포기해요!

아,
그게 있었지!

형님의 생각은
분명 뭔가 이상한
걸 거예요.

역시 내 동생이라
총명하군.
나도 같은 생각일세.

이따가 봐.
후다닥

학이 형님이
좀 이상해요.

아무래도
오늘 학이네서
큰소리가
날 거 같군.
어허허허허

다다다
학아,
왜 그래?

미안해, 꿀복아.
나 돈이 필요해.
화르륵

지금 날
잡으려고?
덜덜
덜덜
정신을 차려!
지금 넌
이성을 잃었어!!

아니야,
난 꼭 로봇을
살 거야.

학이 너,
부모님께 허락은
받은 거야?

응?

'사필품행 무감자전'이라
어떤 일을 할 때
반드시 부모님께 물으라 했어.
아….

알겠어!
부모님께 허락받고
올게. 고마워.

그랬구나.
저금통을 깨기 전에
묻다니 기특하구나.
그 로봇은
아비가 사 주마!
감사합니다!
휴~,
살았다.

오늘의 미션
부모님께 먼저 의견 묻기
아버지,
소자 게임을 해도
되겠사옵니까?
약속대로
숙제부터 끝냈으니,
게임 1시간을
허락하마!

형제는 나무에 비유하면 같은 뿌리에서 자란 다른 가지와 같아요.

比之於木 同根異枝

견줄 비 | 갈 지 | 어조사 어 | 나무 목 | 한가지 동 | 뿌리 근 | 다를 이 | 가지 지

칫!
나의 예술 세계를
모독하지 마라!

좋아. 그렇다면
증거를 보여 주지.
증거 1
증거 2

뭐야?
어디서 가져왔어?

뿌직

으악!
내 작품에….

이게 다
너 때문이야!
티격
태격

아니지, 오빠 그림이
엉망인 게 문제지!

허허. 얘들아,
왜 그리들 싸우니?
싸우지 마.
남매가 사이좋게
지내야지.
생긴 것도
똑같이 생겨서는.
아니에요!
우린 하나도 안 똑같아요!!
형제를 나무에 비유하면
같은 뿌리에서 자란
다른 가지와 같단다.
그러니
안 닮으려야
안 닮을 수가 없지.

그런가?

우리가 닮았나?

흠….
아무리 생각해도 우린
닮은 구석이 없는데.

흠….
그렇지?

오빠,
놀려서 미안해.
다음엔 안 그럴게.

참으로
우리 학선이가
어른스럽구나.

불쑥

아니야. 내가 먼저
화를 냈잖아.

아부지,
저도 어른스럽죠?

하하하하.

형은 동생을 아끼고 동생은 형에게 공손하며 서로 화내지 않고 잘 지내요.

兄友弟恭 不敢怨怒

형 **형** | 벗 **우** | 아우 **제** | 공손할 **공** | 아닐 **불** | 감히 **감** | 원망할 **원** | 성낼 **노**

꾸욱

휘잉

와르르
오~ 빠~~~~!

도망이다!

좋아,
그랬다 이거지.
두고 보자고!

학아~,
어디 있니?

학이
이불 속에 숨어서
게임하고 있던데요.

이놈~.
윽….

야!
학이가 뭐야?
오빠한테!

하는 짓은
딱 동생이구나!

거기 서!
오라비가 가르침을
주겠다.
노노.

메~ 롱이다.

쯧쯧,
부족하도다.

형님, 학선이와
학이 형님은 어찌
서로 못 잡아먹어서
안달일까요?

아우님,
좋은 지적이오.

'형우제공 불감원노'를
아시오?

예. 들은 적이
있습니다.

형은 동생을 아끼고,
동생은 형에게 공손하면
서로 화낼 일이 없어
잘 지낸다는 뜻입니다.
오호,
역시 아우님의 학문은
대단하시오!
하하하.

잠시
휴전하자!
누군가
우리 오누이를
음해하는 소리가….

누가
우리 오빠를!
감히
우리 완벽한
학선이를!
숨어!

오늘의 미션
서로에게 세 가지씩 칭찬하기
학선아,
새 조바위가
잠 잘 어울려.
고마워.
오빠도 왠지
더 멋져 보이는걸.

11 형제간에 어려운 일이 있으면 근심하고 무엇을 도울 수 있을지 생각해요.

兄弟有難 悶而思救

형 **형** | 아우 **제** | 있을 **유** | 어려울 **난** | 답답할 **민** | 말 이을 **이** | 생각할 **사** | 구원할 **구**

뭐 하냐,
형제들?
학이 형님,
안녕!

부모님을
도와 재활용을
버리고 있지.

대단한데.

형님, 저도
돕고 싶어요.

좀
무거운데….

괜찮아요.
저도 이젠
초등학생이라고요.
이 정도쯤….

아우야!
괜찮아?
아이고!
꽈당

흠, 형제간에
어려운 일이 있으면
근심하고 도우라 했었지.

안 되겠다,
학선아~.

쌩
학아,
어디 가?
같이 놀자~.
나중에….

왠지 이쯤에서
고양이들이
나타날 거 같아.
벌벌

두리번
두리번

음하하!
통행료를 내라냥.
그냥은 갈 수 없다냥!
맞다냥!

공책을 다 써서
문구점에 가는
길이야.
그냥 가게 해 줘!

당연히 가야지냥.
하지만!
통행료는
내고 가라냥!

공책 살
돈뿐이야.

뭐!
그럼 보내 줄 수
없다냥.
없다냥!
척
척

척
츄르

어떠냐,
맛이?
츄르
짜잔

엄청
맛있다냥.
통과~!

오빠!
학선아~.
이 얼마나
감동인가!
쓱

오늘의 미션
히어로 되어 주기
우아,
우리 오빠 힘세다!
무거운 건
오빠가
다 들어 줄게.

12

나눌 때 자기 것을 많이 가지려 욕심내지 말고 서로 나누고 배려해요.

分毋求多 有無相通

나눌 분 | 말 무 | 구할 구 | 많을 다 | 있을 유 | 없을 무 | 서로 상 | 통할 통

헐~.

이상하다.
절반이 아닌 것 같은데.

꿀꺽
오빠~~.
큰 걸 먹으면 어떡해!!!

학아!

도망이다!
쌩~

우앙~.
오빠 미워~~.
학선아,
또 사 주마.
그만 울렴.

오늘도
나의 승리!

냐옹~
어쩌지?
오늘은 츄르가 없는데.
잠깐만….
뒤적
뒤적

어? 주머니에
츄르가 있었네.

운이 좋은
고양이야.

자!
츄르
15g

냐옹~.
츄르

냐옹~.
냐옹~.

우아,
동생들도 있었구나.
혼자 먹기에도 적은 걸
나눠 먹다니?
냐옹~.
냐옹~.

자, 예쁜
행동을 했으니
더 줄게.

나눌 때 자기 것을
많이 가지려 욕심내지 말라 했거늘.
내가 또 욕심을 냈군.

학선아!
흥!
욕심쟁이!

오빠가
네가 좋아하는
초콜릿 사 왔어.
정말? 내가
이번만 봐준다.
초콜릿

헤헷.

학이가
오늘도 한 뼘
더 자랐구나.
덩실
덩실

오늘의 미션
내가 제일 좋아하는 간식 나눠 주기
옜다, 츄르!
야!!
내가 고양이냐?

13

형제간에 잘못이 있으면 숨겨 주고 드러내지 않아요.

兄弟有失 隱而勿揚

형 형 | 아우 제 | 있을 유 | 잃을 실 | 숨을 은 | 말 이을 이 | 말 물 | 날릴 양

하하하하하.

너 뭐 하냐?
꼭 피에로 같아.
ㅋㅋㅋㅋ

힝~~~.

오빠, 엄마한테는
비밀이다!

몰라!
하는 거 봐서.

캬캬캬~.

어머니!
학선이가…,
학선이가….
학아,
숨넘어가겠다.
학선이가 왜?
말하지 마,
제발!

배고프대요!
휴~

싱겁긴….

후유,
웬일이래.

일주일 후

잘 먹었습니다!

학선이 방에나
가 볼까.

학선이
어디 갔지?

와~,
종이가 참 좋네.

이 스케치북
안 쓰는 건가?

딱지 만들면
천하무적이겠어!
음하하하!!

그날 오후
으앙~.
어머니, 오빠가….

미안,
안 쓰는 건 줄
알고 찢어서
딱지 만들었어.

내가 얼마나 아끼는 건데.
아까워서 쓰지도 못 했는데.
엉엉.

학선아,
무슨 일이냐?
훌쩍, 별일
아니에요.
형제간에 잘못도
숨겨 줄 줄 알고,
우리 학선이 다 컸네.
고맙다,
학선아!
슬램 덩크
하이 파이브~.
짝

오늘의 미션
비밀 지켜 주기
쉿! 내가
먹어 줄게.
??
고마워,
오빠!

2장

웃어른께 예의 바르게 행동해요

드나들며 문을 여닫을 때 조심스럽게 닫아요.

出入門戶 開閉必恭

날 출 | 들 입 | 문 문 | 집 호 | 열 개 | 닫을 폐 | 반드시 필 | 공손할 공

저 놀다
올게요!

휴우~,
혼날 뻔했네.

흠…. 우리 식구들은
너무 잘 놀라는 것 같아.

휘이잉

그나저나
밖에 바람이
많이 부네.

흔들
흔들
냐앙~.

냥이랑 좀 놀다
들어가야겠다.

쾅!
냐아!

냐아아!

냐아앙!

헉! 문이 세게
닫히면서 고양이가
다쳤잖아!

이래서 문을
살며시 닫으라는
거였어.

학이 형님,
'출입문호 개폐필공'
이라.

문을 여닫을 때는
조심스럽게 닫아야
한다고 했어요.
나도 이젠
알 것 같아.

오늘의 미션

소리나지 않게 문 여닫기

02

입으로 쓸데없는 말을 하지 않고 손으로 장난하지 않아요.

口勿雜談 手勿雜戲

입 구 | 말 물 | 섞일 잡 | 말씀 담 | 손 수 | 말 물 | 섞일 잡 | 놀 희

네~.

발사!
팅

착

화르르
으….

싸우자!

톡

톡
톡
톡

그만~!

너희들 때문에
밥이 입으로 들어가는지,
코로 들어가는지 모르겠구나.
홱
홱

밥 먹을 때는
먹는 것에 집중!!

안녕하세요.
학아, 놀자!

어서 와!
툭

찰싹

재밌지?

아니!
하나도 재미없어!!

그럼 좀 더
강하게!
툭

앗, 뜨거워!

아구구구.

엉엉엉.
학아!

엉엉.
병원

요즘 학이가 자주 병원에 오는구나.

괜찮겠지요?

화상을 입지는 않았습니다. 살짝 뜨거웠나 봅니다.

연고를 줄 테니 이것을 바르면 괜찮을 거야.

아부지, 죄송해요.

쓸데없는 말은 하지 않고, 손으로 장난하지 말라고 했단다.

좀 더 주의하자꾸나.

큰 소리로 웃지 말고 큰 소리로 말하지 않아요.

須勿放笑 亦勿高聲

모름지기 수 | 말 물 | 놓을 방 | 웃을 소 | 또 역 | 말 물 | 높을 고 | 소리 성

갑자기 웬
인디안밥이야!

하하하

으~,
시끄러워!

재석아,
나 잡아 봐라~.

우워워워!

재석아,
못 잡겠지?
좀 더 빨리
뛰라고!

잡히기만
해 봐!

메롱~.
메롱~.

쾅

꽥
아, 이제야
좀 조용하군.

재석 형님!
어? 재콩아!

사람들이 많은 곳에서는
큰 소리로 웃거나
떠들지 말라고 하였습니다.

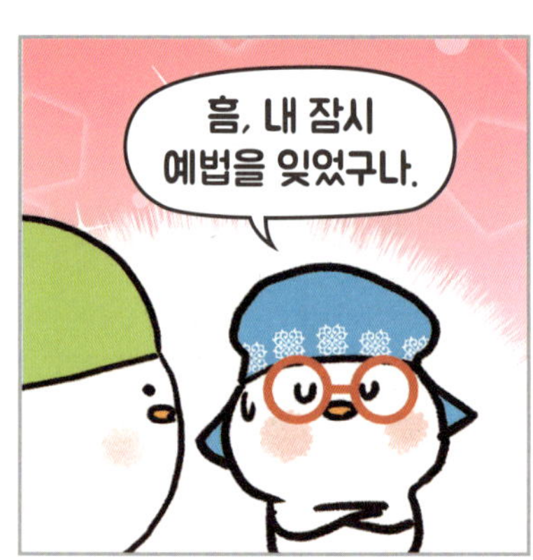
흠, 내 잠시
예법을 잊었구나.

평소 형님을
존경해 왔는데….

정말
실망입니다!
잊을 걸
잊으셔야죠.

아우야,
미안하다.

날
용서하시게.

형님도 참.

야! 너희
사극 찍냐?

아우야,
우리 깨달음의
학춤을 추자꾸나.
형님, 풍물패도
부를까요?

동작 그만!
떠든 두 사람은
밖에 나가서
손들고 있어요.
??

오늘의 미션
교실이나 복도에서 소리치지 않기
학이 형님! 학선아!!
반가워!!
새롱아, 복도에선
가볍게 인사만!
이따 봐.
폴짝
폴짝

04

음식이 먹기 싫더라도 어른이 주시면 조금이라도 먹어요.

飮食雖厭 與之必食

마실 음 | 밥 식 | 비록 수 | 싫어할 염 | 줄 여 | 갈 지 | 반드시 필 | 밥 식

마침 있었군.
오늘 점심에
내 생일잔치가
열린다네.

오예~~.

진수성찬을
차릴 것이니 오게나.
선물도 준비하고.

좋았어!

재석이네
축하해!

재석아!
생일 축하해~.
생일
축하합니다~.

맛있게들
먹으렴.

네.
정말 맛있어요.
특히 고기가요.

이 버섯 요리도 먹어 봐.
우리 할머니가
정성스럽게 키운 거야.

전 버섯을
싫어하지만,

할머니가
키우신 것이니
맛은 볼게요.

큰일 났다.
나도 버섯 싫은데….

우아,
정말 맛있어요.

그래도
난 고기….

학이 형님도
먹어 봐요.

그래. 학이도
한번 먹어 봐.

네….
(이그, 큰일이다.)

제발 날 먹어 봐.
난 영양가가
풍부하다고!
할 수 없지….
으….

어!
뭐지 이 맛은?

우아, 쫄깃하고
감동적인 맛이야.
먹기 싫은 것이라도
어른이 주시면 조금이라도
먹어 보라더니.
어떠냐?

학이가 편식이
심하다더니,
전혀 아닌걸.

저 버섯
좋아해요!

하하하하!

오늘의 미션
어른이 주시면 받고 감사 인사하기
학선아,
사탕 먹을래?
감사합니다.
잘 먹겠습니다.
안 받으면
민망하실 거야.

어른들 앞에서는 나아가고 물러날 때 공손히 해요.

長者之前 進退必恭

길 **장** | 놈 **자** | 갈 **지** | 앞 **전** | 나아갈 **진** | 물러날 **퇴** | 반드시 **필** | 공손할 **공**

어르신,
괜찮으세요?
죄송합니다.

방금 저희
아이들이….

하하, 그랬군요.
아이들이
건강하네요.

어른 앞에서는
공손히 하라 얘기했거늘.
오늘은 정신이 없었나 봅니다.

괜찮습니다.
우리도 다 저렇게
자랐는데요.

제가 나중에라도
꼭 사과드리라고
이야기하겠습니다.

아니에요.
별일도 아닌데요.

며칠 후

아이고,
허리야~.

하하하하.

이크!

아! 할머니!
끼익

저번에
그 아이구나.

예. 지난번엔
저희 때문에
불편하셨지요?
죄송합니다.

그것을
기억하고 있었니?
기특하기도 하지.
할머니, 제가
'장자지전 진퇴필공'을
잘 가르쳤거든요.

재석이 너~.
네가 뭘 가르쳤다고?

메롱, 억울하면
나 잡아 봐라.

할머니,
안녕히 가세요.
다음에 뵐게요.

귀여운 녀석들.

오늘은
제대로 행동했군.
흐뭇

오늘의 미션
좁은 길에서 잠시 멈춰 한쪽으로 피해 주기
고맙구나.
먼저
지나가세요.

그릇에 음식이 있어도 어른이 주시지 않으면 먹지 않아요.

器有飮食 不與勿食

그릇 기 | 있을 유 | 마실 음 | 밥 식 | 아닐 불 | 줄 여 | 말 물 | 밥 식

일단 전부터 먼저….
오, 너무 맛나.
냠냠 쩝쩝

이런 벌써 전을
다 먹어 버렸네.
그럼 갈비는
맛만 좀 볼까?

어? 이상하다
맛만 봤는데,
한 조각밖에
안 남았어.

그럼
이것도 조금만…,
저것도 조금만….

많이 먹었나?
배가 터질 것 같아.
텅텅

으함,
배부르니까 졸려.
쿨….

곧 손님들 오실 시간이네.
음료수만 올리면 준비 끝!

헉!
음식이….
텅텅

학아,
여기 있던
음식들
어디 갔니?

어디긴요!
모두 제 뱃속에
들어갔죠.

아이고, 좀 묻고 먹지.
곧 손님들 오실 텐데.

저 먹으라고
차리신 줄 알았어요.

아빠 왔다!
딩동~

으…,
큰일이네.

안녕하세요.
맛있는 저녁
먹으러 왔습니다.
여보,
우리 왔어요.

아버지, 죄송해요.
제가 모르고
다 먹어 버렸어요.

이 많은 걸 다?
네~~.

먹은 걸
어쩌겠니?

다음에는
음식이 있어도
꼭 묻고 먹으렴.

이렇게 된 거
오늘은 중국요리
먹으러 갑시다.
내가 사지!

아저씨,
저도 가고
싶어요.

배부른 학이는 빼고
가려고 했는데.
정말요?
으앙.
농담이야,
농담.

오늘의 미션
어른이 먼저 드신 후 먹기
아부지,
먼저 드세요.
그래야
저희도 먹죠.
그래그래,
너희도 어서 먹으렴.
기특해라~.

스승 섬기기를 어버이와 같이 하고 반드시 공경하는 마음을 가져요.

事師如親 必恭必敬

일 사 | 스승 사 | 같을 여 | 친할 친 | 반드시 필 | 공손할 공 | 반드시 필 | 공경할 경

선생님이 열심히 수업하고 있는데,
그렇게 하품을 하면 가르치는 사람이
기운이 빠진단다.

죄송해요.

학이 넌
바른 수업 태도를
좀 배워야겠다.
날 보라고!

선생님 질문 있어요.
삼면에 있는 바다를
뭐라고 불러요?

방향에 따라
동해, 서해, 남해라고
부른단다.

저렇게 열심히
듣는다고?
나는 재미없는데….

딩동댕동

학이는
선생님 좀
보고 가렴.
네.

학이 왔구나!

학아,
집에서는 부모님이
너희를 가르치시지?
네.
학교에서는 선생님이
부모가 된단다.
집에서 부모님
말씀에 귀를 기울이듯,
학교에서도 선생님 이야기에
귀를 기울여야 한단다.
학교는 너희에게
규칙과 지식을
알려 주는 곳이니까.
죄송해요.
아무래도
제가 '스승 섬기기를
어버이와 같이 하라'는
말을 잊은 것 같아요.

우리 학이가
사자소학을
잘 알고 있구나.

선생님도
어릴 적엔 학이처럼
장난꾸러기였단다.

하지만 3학년 때
담임 선생님을 만나며
나도 선생님이 되고
싶다는 꿈을 키웠지.
결국 노력해서
선생님이
되었단다.
저도 선생님처럼
되고 싶어요.

정말?
너무 기대가
크구나.
헤헤, 이제는
수업 시간에
더욱 집중할게요.

오늘의 미션
선생님께 편지 쓰기
선생님,
감사합니다.
선생님,
사랑해요~

내가 다른 사람의 어버이를 공경하면 다른 사람이 내 어버이를 공경해요.

我敬人親 人敬我親

나 아 | 공경할 경 | 사람 인 | 친할 친 | 사람 인 | 공경할 경 | 나 아 | 친할 친

안 줄 거거든!
과연 그럴 수 있을까?

학마트

안녕, 학선아!
어? 콩쥐야!

안녕하세요. 전 학선이 친구 콩쥐예요.

어머, 네가 콩쥐구나. 얘기 많이 들었어. 콩쥐는 예의가 참 바르구나.

난 지난번에 콩쥐네 어머니께 쑥스러워서 인사도 제대로 못 했는데.

콩쥐는 저렇게 예의 바르게 인사를 하네.

콩쥐야~.
네! 나 갈게.

콩쥐야, 나도 같이 가.

그래.
안녕하세요.
저번엔 쑥스러워서
인사를 못 드렸어요.

그랬구나.
오늘은 인사해 줘서
고마워.

엄마,
저기 학선이네
어머니세요.

안녕하세요.
안녕하세요.

학선이가
예의가 바르네요.

어머니, 저
인형 보러 갈게요.
저도요!

같이
가자꾸나.

학이네
우리
돌아왔다!

맛있는 걸
뭘 사 왔을까?

오~,
맛있는 오징어볼.

안 돼!
퀴즈를 풀면 주지.
뭔데?
오징어볼

'아경인친 인경아친'이
무슨 말이게?
5초 센다.
오징어볼

미안!
오징어볼
거기 서!!

맛있겠다,
히히.

오늘의 미션
어른을 보면 밝은 얼굴로 인사하기
안녕하세요!
안녕하세요!
그래.
너희들도
잘 지냈니?
문방구

09

손님이 찾아오거든 정성스럽게 대접해요.

賓客來訪 接待必誠

손 빈 | 손 객 | 올 래(내) | 찾을 방 | 이을 접 | 기다릴 대 | 반드시 필 | 정성 성

네.
걱정 마세요!

엄마, 난
왜 불안할까?

날 믿으라고!

잠시 후
재석이가 오려면
아직 1시간이나
남았네. 배고픈데.

학아!
참아야 해.

딱 하나만
먹으면 모를 거야.

안 돼! 엄마가
손님을 정성스럽게
대접하라고 했잖아.
그래.
조금만 더 기다렸다가
재석이랑 먹자.

이건 환상이야.
떡볶이가
말을 하다니….

맛있는지
맛만 보는 건
괜찮을 거야.

와~,
이 맛은….
오물오물

잘 모르겠는데,
딱 한 개만 더….

그래.
딱 한 개만.

이리 오너라~.

이리 오너라~.
흠흠

뭐야?
손님을 초대해 놓고
나오질 않네.

이! 리!
오! 너! 라!!
형님,
아무래도 집에
아무도 없나
봅니다.
학이 이 녀석,
뭐 하는 거야?
드르렁~
얘들아,
안 들어가고
뭐 하니?
안녕하세요.

학이를 불러도
답이 없어요.
그래?
기다리고
있을 텐데.

드르렁~
드르렁~

학아,
일어나!
누, 누구야?

우릴 초대해 놓고
주인이 잠을 자면
어떡해?
어?
음식들이
어디로 갔지?
이상하네.
아부지,
친구들 대접하게
짜장면 시켜 주세요!
탕수육도
먹고 싶어요!
전 짬뽕요.
그래.
우리 배 터지게
먹어 보자꾸나.

오늘의 미션
손님이 오면 핸드폰 내려놓기
놀러 오라더니
핸드폰만 하고.
나 집에 갈래!!
재석아, 미안해.
이제 안 할게. 가지 마~.

3장

친구와 사이좋게 지내요

01 한 알의 음식이라도 반드시 나누어 먹어요.

一粒之食 必分而食

한 일 | 낟알 립(입) | 갈 지 | 밥 식 | 반드시 필 | 나눌 분 | 말 이을 이 | 밥 식

이상하다.
분명 학이가
편의점을 나와서
이쪽으로 갔는데….

설마 학이 형님이
혼자 먹으려고
숨은 건 아니겠죠?

흠….
학이가 내 친구지만
충분히 그럴 수도….

여기서들
뭐 해?

학이를
추적 중이었지.

숨바꼭질인가?
아! 내가 과자 가져왔어.
같이 나눠 먹자.

우아,
맛있겠다.
형님, 저도
먹고 싶어요.

재콩이도 같이
먹어도 돼?
당연하지.

대승 형님,
고마워요.

적든 많든
나눠 먹으면
더 맛있어.

100번
씹어야지.

재콩아,
맘껏 먹어도 돼.

와~,
정말 맛있다.
툭

으악!
데굴
데굴

으!
아!
악!
쿵

박스에서
이상한 소리가
들리지 않았어?
잘못 들었나?

대승아,
집에 가면서
먹자.
그래!

오늘의 미션

친구랑 간식 나눠 먹기

사람은 세상을 살아가는 데 친구가 꼭 필요해요.

人之在世 不可無友

사람 인 | 갈 지 | 있을 재 | 대 세 | 아닐 불 | 옳을 가 | 없을 무 | 벗 우

어떻게
공을 꺼내지?

흠, 그러게.
꽤 높은 곳에
공이 걸렸어.

사다리가 필요하지
않을까요?

내가 올렸으니
내가 해결할게.

학아, 잠깐만.
사다리 빌려 올게.

그걸
언제 기다려.
폴짝

학이 형님!
위험해요!!

걱정 마.
이래 봬도
내가 나무타기
선수라고.

잡았다!
내가 할 수
있다고 했잖아!
근데 막상 올라오니
너무 높다.

어떻게 내려가지?
이제 슬슬
무서워지려고 해.

우앙~.

조금만
기다려요!

학아!!

다행이다.
안 늦었어!

휴, 살았다….

안 도와줘도
된다니까, 훌쩍.
그럼 그럼.

그런데
재석이 너 머리에
왜 혹이 났어?

사다리 들고 오면서
부딪혔어.

바보….
친구야…,
고맙다.
이래서 세상을
살아가는 데 친구가
꼭 필요하다고
하는 거야.

오늘의 미션
친구에게 먼저 인사하기
안녕,
콩쥐야!
안녕!
어디 가?

글을 통해 친구를 모으고 친구를 통해 어질고 착한 마음을 키워요.

以文會友 以友輔仁

써 이 | 글월 문 | 모일 회 | 벗 우 | 써 이 | 벗 우 | 도울 보 | 어질 인

좋아, 그럼
글을 통해 친구를
모아 보자고!

내가
모아 볼게.

얘들아,
나랑 같이 책 읽을
사람 모여라.

휘잉~

뭐지? 왜 아무도
반응이 없지?

일단 친구를
모으는 건 실패.

안 되겠군.
그럼 다음 단계로!

친구를 통해
어질고 착한 마음을
키우라고 했어.

저요!
여기 친구
대령이요….

널 보니, 잊고
있던 게 생각났어.
아침에 널 기다리다가
지각했잖아!

학아, 지나간
일은 잊자. 히히.
내가 해 볼게.

너라고
되겠어?

얘들아!
오늘 숙제 내가
도와줄 테니
모여 봐!

정말?
공부 잘하는 재석이가
도와준다면 가야지.

우리도 부탁해!

1단계 성공!
그럼 2단계 친구를 통해
어질고 착한 마음을
키워 볼까!

난 도형이 어려운데,
좀 도와줄 수 있어?

물론이지.
도형 공부는 우선 기초가
중요하니까 이것부터….

와, 재석이 넌
마음이 참 착하구나.

그러게.
우리도 이런 마음을 본받아서
서로 도와주자.

미션 클리어~.
학아, 보았느냐?

씨익

….

드르렁
드르렁

야! 일어나!
갑자기 왜
자는 척이야?

04 바른 사람과 친구를 하면 나도 저절로 바르게 돼요.

友其正人 我亦自正

벗 우 | 그 기 | 바를 정 | 사람 인 | 나 아 | 또 역 | 스스로 자 | 바를 정

두 달 전

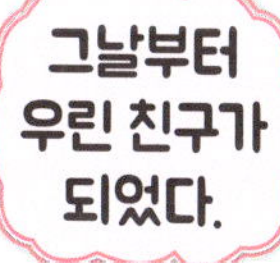

우린 서로
모르는 것을
알려 주며,
부족한 부분을
채웠어.

시간이 지날수록
우리는 조금씩
닮아갔지.

오늘은 수학
시험이 있었어.
근데… 너무
어렵게 느껴졌어.
이번 시험이 좀 어려웠지요?
그래도 만점이 두 명이나
있었어요.

학선이하고,
콩쥐예요.
우아!

우린 너무 기뻐서
두 손을 잡고
폴짝폴짝 뛰었어.

재석아,
우리 학선이가
만점을 받았대.
대단하지?

흠흠.
이것에 대해서는
내가 좀 알지.

가르침을
주십시오,
형님~.

'우기정인 아역자정'이라
바른 사람과 친구를 하면
나도 저절로 바르게 된다!
공부를 열심히 하는 것도
바른 것이니,
그런 친구를 곁에 두면
나 또한 바르게 된다.
아하! 그래서
학선이가 공부를
잘하게 된 거구나!

그런데 똘똘이
우리 형님과
친한 학이 형님은….
어떻게 된 것입니까?
내가
어때서?

친구는 닮는다고
했잖습니까?

무슨 소리야!
우린 안 친해!
흥!

오늘의 미션
친구의 잘못 말해 주기
학아, 숙제는
널 위한 공부야.
베끼는 건 너에게
아무런 도움도 안 돼.
놀고 싶은 마음에 그만.
알았어. 내가 풀게.

흰 모래가 진흙에 있으면 물들이지 않아도 저절로 더러워져요.

白沙在泥 不染自汚

흰 백 | 모래 사 | 있을 재 | 진흙 니 | 아닐 불 | 물들 염 | 스스로 자 | 더러울 오

학이 형님….

무슨 일 있어?
표정이 안 좋네.

형님은
우리 형 친구죠?

당연하지.

실은 요즘 우리
형이 이상해졌어요.

뭐가?

얼마 전
이상한 형들이랑
놀면서부터….

다정했던 형이
화도 많이 내고
저한테 뭐라고 해요.

너에게도?

나도 느꼈어.
그 형들 다른 애들도 못살게 굴고,
자전거도 엄청 위험하게 타잖아.

재콩아, 재석이
어디 있어?
엄마한테 혼나고,
그 형들 만난다고
나갈 준비해요.

재석이를
구하러 출동!

재콩이도
출동!

재석이네

엄만 괜히
나한테만….
미워, 흥칫뿡!

깜짝이야!
쿵

뭐야?
놀랐잖아!

'백사재니 불염자오'
흰 모래가 진흙에 있으면
물들이지 않아도 저절로 더러워진다.
뭐?
내가 물들었다는
거야?

맞아요, 형님!
나쁜 형들이랑 논 뒤로
형님은 달라졌어요!

내가? 몰랐어.

재콩이에게
나쁜 형이 될 순 없지.
더는 안 놀게.
우리 형님,
최고!!

오늘의 미션
휴대폰 하루 쉬기
확선아, 오늘
휴대폰 쉬는
날인 거 알지?
무슨 소리!
재미있는 걸 왜 쉬어!
그냥 해!!

친구를 가려서 사귀면 나에게 도움이 돼요.

擇而交之 有所補益

가릴 택 | 말 이을 이 | 사귈 교 | 갈 지 | 있을 유 | 바 소 | 기울 보 | 더할 익

학아,
김밥이 특이하다.
아주 맛있어 보여.

우리 김밥
맛있어. 먹어 봐.
고마워.

우아,
진짜 맛있다!

우리 엄마가
손맛이 좋으셔.
응, 정말
그런 것 같아.

학아,
우린 좋은 친구지?
나 한 개만 더 주라.
쓱

그래….
더 먹어.

언제든
힘든 일 있으면
부탁해. 맛있다.

부스럭
부스럭

뭐지?

쿠웨에엑!
화들짝
화들짝

우워어어
곰, 곰이다!

턱
으악!
쿵
대승아,
도와줘….
바둥
바둥

나부터
살아야지.

아깐 친한
친구라더니.

?
일단 죽은
척해 보자.
꼴까닥

….

학아, 갔어.
근데….

곰이 너한테
뭐래?

친구 좀
가려서 사귀래!
미안.

오늘의 미션
친구 도와주기
우리는
친구!
작은 일도
도우며 지내자!

친구에게 잘못이 있으면 충고하여 착하게 이끌어요.

朋友有過 忠告善導

벗 붕 | 벗 우 | 있을 유 | 지날 과 | 충성 충 | 고할 고 | 착할 선 | 인도할 도

그게….

알려 줘!
나도 이번 시험은
망쳤어.

그래? 난…
50점 받았어.

으하하하.
내 점수를
보여 주지!

짠
90
점

대승아,
어쩌면 그런 점수를
받을 수 있냐?

너무해!
으앙~.

칫, 나도
눈물 나!

난 그냥
궁금해서 물었는데,
왜들 저래?
재석이 오빠!

왜, 이번엔
네가 도전잔가?

나름 공부해서
얻은 점수들이야.
모독하지 말라고!

현실은
냉혹하다고.
자신을 파악해서
열심히 공부하면
될 것을, 쯧쯧.

어이구~~~.

자, 내
만점 시험지!
100

오늘의 미션

뒤에서 친구 얘기하지 않기

희신아, 아무리 좋은 충고도 뒤에서 하면 욕으로 들릴 수 있어.

미안, 다음에는 직접 얘기할게.

잘못을 꾸짖어 주는 친구가 없으면 의롭지 못한 데 빠지기 쉬워요.

人無責友 易陷不義

사람 인 | 없을 무 | 꾸짖을 책 | 벗 우 | 쉬울 이 | 빠질 함 | 아닐 불 | 옳을 의

왜?
게임만 해?

그건 아니고.
다시 달려라 형들이랑….

아! 더는
안 논다고
했었잖아?

네. 근데
그 달려라 형들이
멋있다면서….

어휴,
지난번에도
그러더니.

오늘은 초스피드
고급 자전거를
사 달라고 조르다가
안 되니까.

어릴 때 제가 타던
세발자전거를 타고
나가 버렸어요.

헐….

세발사전거?
하하하.

학이 형님,
우리 형을 도와주세요!

걱정 마라!
형이 재석이를
원래 자리로
데려다 놓을 테니.

달려!
달려!
달려!
달려!

형님들~!
뭐야?
아직도 쫓아오고
있었어?

쟤 때문에
창피해 죽겠어.
세발자전거가
뭐야….

같이 가요,
형님들!

야! 그만 쫓아와!
창피해!

오늘의 미션

나의 잘못을 꾸짖어 줄 친구 찾기

내 앞에서 나의 착한 점을 칭찬하면 나에게 잘 보이려 하는 사람이에요.

面讚我善 諂諛之人

낯 면 | 기릴 찬 | 나 아 | 착할 선 | 아첨할 첨 | 아첨할 유 | 갈 지 | 사람 인

미술 시간

저는 자화상을 그렸어요.
배불리 먹고 자는
제 모습입니다.

피식 피식

내 그림이
이상한가?
힝….

난 왜 이렇게
그림을 못 그릴까?
잘 그리고 싶은데.

오! 형님
퇴청하신다냥.

안녕하십니까냥,
형님!
꺼들
꺼들

그래 너희들도
수고가 많다.
꺼들
꺼들

오늘 기분이
안 좋아 보이십니다옹.

아니야. 그냥
난 왜 잘하는 게
없을까 해서….

아닙니다냥.
형님은 이 마을에서
최고입니다옹!

그렇지?
날 몰라보는 거지?

맞습니다옹,
형님!

뭔지 모르지만,
우리에게
말해 보시라냥.

내가 억울한 게 있는데,
이 그림 좀 봐 줘.
이것도.
풉!
푸식.

너희 웃는 거야?

아닙니다옹.
형님은 시대가
낳은 명작가다냥.

정말 그런가?
기분이 좋아졌어.

그럼 형님
츄르 좀….

오늘은
없는데?
야! 그럼
빨리 말했어야지옹!
확 그냥!
괜히
굽실거렸다냥.

너희들
뭐냐?

오늘의 미션
가짜 칭찬하지 않기
학선아,
오늘 한복
너무 이쁘다.
콩쥐 너도 예뻐.

10

말할 때 믿음이 가지 않으면 정직한 친구가 아니에요.

言而不信 非直之友

말씀 언 | 말 이을 이 | 아닐 불 | 믿을 신 | 아닐 비 | 곧을 직 | 갈 지 | 벗 우

뭐가?
뭐가 이상해?

지난번에 아이스크림을 먹고 있었는데….

대승이 형님이 한 입만 먹어 보자고 엄청 졸라댔습니다.
한 입만! 딱 한 입만!

재벌이면 그냥 사 먹으면 되잖아.
오잉?

물러서라~. 후계자님 행차시다~.

요란하기도 하네.

아랫것들이 모여서 뭘 하고 있느냐?

뭐야!
아랫것?

대승이 오빠가 아무리 부자라고 해도!

친구한테
아랫것이라니!

그럼 윗것인가?
ㅋㅋㅋㅋㅋ.

대승아,
근데 너 정말
그렇게 부자야?

우리 집은
마당에서 대문까지
3,000걸음이
넘는다고!

대승아,
그럼 우리 좀
초대해 주라~.

지금은 안 돼!
내부 수리 중이라.
….

'언이불신 비직지우'
말할 때 믿음이 가지 않으면
정직한 친구가 아니라 했는데….
이상해….

미안.
사실은 우리 아빠
회장님 아니야.

요즘 친구들이
나에게 관심이 없어서
관심받고 싶어서
그만 거짓말을….

대승아,
그런 거 없어도
우린 친구라고!

같이 떡볶이
먹으러 가자!
떡볶이는
회장님 아들이
사는 거지?
아니라니까!

오늘의 미션
핑계 없는 날 만들기
핑계란 무언가를
피하거나 감추려고
한다는 말이란다.
자꾸 핑계를 대다 보면
신뢰를 잃게 돼요.
맞아.
핑계는 싫어.

4장

바른 마음으로 바르게 행동해요

방과 거실에 먼지가 있거든 깨끗하게 청소해요.

室堂有塵 常必灑掃

집 실 | 집 당 | 있을 유 | 티끌 진 | 항상 상 | 반드시 필 | 뿌릴(물뿌릴) 쇄 | 쓸(청소할) 소

네 공간이면
더 잘 정리해야지.
먼지도 닦고,
책들도 좀 정리하렴.
예. 조금만
참아 주십시오.
곧 재미있는 일이
생길 거예요.
오빠, 방 좀 치워!
들어갈 수가 없잖아.
근데 학아, 저 벽에
저것은 무엇이냐?
혹시 곰팡이가….
곰팡이라니요?
제가 키우는 버섯입니다.
학아, 그것은
아닌 것 같구나.
아부지!
책상 밑에서 뭔가가
움직여요!
오~, 이 방은
먼지 맛집이군.
쿠오오오
헉, 먼지 괴물이
먼지를 먹으며
점점 커진다!

어때요? 제가 만든
먼지 괴물이에요.

오빠, 멈춰!
먼지 괴물이 점점 더
커지고 있어!

이제
세계 정복은
시간 문제라고!
쿠앙
으악!

음하하하하!
쿠
쿠
쿵

지구 방위대
재석이 출동!
쿵
….

먼지 괴물아,
내가 혼내 주마.

흠, 어림없지.

슈퍼 청소기!
에엥.
슈웅

먼지가 있거든
깨끗하게 청소하라 했거늘.
으악!

으아아~
슈우웅~
휴, 다행이다.
꿈이었어.
오늘은
꼭 청소할게요.

오늘의 미션
내 방 청소하기
쓱싹쓱싹,
청소하자!
먼지도
털어야 해.

02

착한 것을 보면 그것을 따르고 잘못을 알면 반드시 고쳐요.

見善從之 知過必改

볼 견 | 착할 선 | 좇을 종 | 갈 지 | 알 지 | 지날 과 | 반드시 필 | 고칠 개

자기가 서둘다가
그랬다면서,
다친 곳은 없냐며
사과하더라고요.

얼마나
예의가 바르던지.

학 선비가
딸은 잘 키웠어.
으….

아들도 잘
키우셨는데!

나도 질 수
없지.

뭔가 좋은
방법이 없을까?

착한 것을 보면
그것을 따르고,
잘못을 알면 반드시
고치라고 했어.
그래! 학선이를
따라 해 보는 거야.

이러면
난 줄 모르겠지.
준비 완료!

룰루랄라

어, 낮인데
불이 켜져 있네.

절전~.
딸깍

오~.

그렇다면
나도 착한 일
따라 하기!

화장실에
불이 켜져 있네.

절전!
딸깍

누구냐?
불 켜라!

앗차차!
우리 집 화장실은
낮에도 어둡지.

도망이다.

아니야. 실수를 인정하고 고치라고 했어.

아부지, 내가 껐지롱요.

딸깍

학이 이 녀석! 이런 장난을 치다니, 나가서 보자!

이상하다. 학선이를 그대로 따라 했는데….

남의 꾸짖음을 싫어하면 그 행동에 발전이 없어요.

厭人責者 其行無進

싫어할 염 | 사람 인 | 꾸짖을 책 | 놈 자 | 그 기 | 다닐 행 | 없을 무 | 나아갈 진

자꾸
그렇게 미루면
안 된다!

정말 딱
10분만요.

지각할 텐데.

딱
10분만….

흠.
쿨쿨~

안 되겠군.

헉!
헉!

학아!
학아!
학아!
학아!
학아!
학아!

아부지,
딱 10분만요.
이번엔 진짜
일어날게요.

학이네 교실
하하하하.

학아,
여기 학교다.

제가
왜 여기에?

으앙~.
창피해!!

친구들 앞에서 이게 뭐야!
아부지 때문에 창피만 당하고.
형님,
잠시만요.

'염인책자 기행무진'
이라 했습니다.

남의 꾸짖음을 싫어하면,
그 행동에 발전이 없다는
말이지요.

내가 깨닫지 못하고
아버지만 원망했군.

이제 좀
알아듣는구나.
불쑥

자, 그럼
내가 너를 꾸짖어
발전시켜 주겠다.

형님,
이제 그만해요.
그래.
모두 알았으니
제발 그만….

오늘의 미션
나쁜 습관 고치기
아니지!
바로 일어날
거야.
10분만….
벌떡

눈빛은 바르고 단정하게 하고 입은 무겁고 조심스럽게 해요.

目容必端 口容必止

눈 목 | 얼굴 용 | 반드시 필 | 끝 단 | 입 구 | 얼굴 용 | 반드시 필 | 그칠 지

눈빛은 바르고 단정하게!
입은 무겁고 조심스럽게!
아부지, 그건 다
옛말이에요. 요즘은
편한 게 유행이라고요.

에구구,
그건 편한 게 아니라
더러운 거잖아.

흠,
괜찮으려나….
다녀오겠습니다!

어른들은 유행을
모른다니까.

어얼~ 씨구씨구
들어간다~.

우아,
품바 타령인가?
저얼~ 씨구씨구
들어간다~.
작년에 왔던….

두령님, 저 아이는
우리 식구가 될 만한
아이로 보입니다.

오호, 용모가 단정치
못하고 눈은 흐릿한 게
딱 우리 식구렸다!

야, 너!

네, 저요?

너 우리 식구 하자!
딱이다!

왜 그러세요?
우리
식구 하자!

큰일 날 뻔했네.
다음부터는 꼭 '목용필단 구용필지'
할 거야.

의심나는 것은 반드시 묻고 화가 날 때는 뒷일을 생각해요.

疑必思問 忿必思難

의심할 의 | 반드시 필 | 생각할 사 | 물을 문 | 성낼 분 | 반드시 필 | 생각할 사 | 어려울 난

정말이요?

정말이고 말고.

그럼 지금
말 시켜 봐도 돼요?

노! 노! 노!

흠.
이 거울은
반드시 혼자 있을 때
물어봐야 한단다.

근데 그걸
어떻게 믿죠?

내 눈을
보거라.
초롱
초롱

아잇,
눈부셔!

얼마예요?

500원
이란다!

학선이가
왔나?
쌩~

뭔가
엄청 빠른 게
지나갔는데?

쾅

두근 두근

어?
학선이다.

깜박
잠들었었군.

몰래
나가야겠다.

그런데
뭐라고
중얼거리는
거야?

거울아, 거울아!
세상에서 가장 이쁜 게 누구지?

헐!
재미있겠다.

세상에서 가장 이쁜 건 모르고, 못난 건 학선이입니다.

내가 못났다고?
으악~~, 열받아!!

씩씩

깜짝

캬캬캬.
어머니, 학선이가 거울에 대고 막 소리쳐요.

엉엉,
오빠 미워.

오늘의 미션

화가 날 때 잠시 참아 보기

① 천천히 숨쉬기 ② 다른 장소로 이동하기 ③ 왜 화가 났는지 써 보기

예의에 어긋나는 것은 보지도 듣지도 않아요.

非禮勿視 非禮勿聽

아닐 비 | 예도 례 | 말 물 | 볼 시 | 아닐 비 | 예도 례 | 말 물 | 들을 청

블라 블라

근데 말이 좀
심한 거 아니야?

괜찮아.
구독자가 100만인데,
뭐가 문제야.
라면

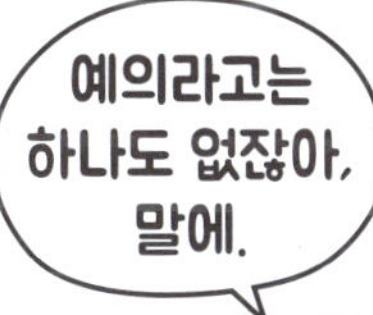
예의라고는
하나도 없잖아,
말에.

뭘 그렇게 따져!
재미있으면 그만이지.

요즘 네 말투가
거칠어졌던데,
역시 이유가 있었군.

그냥 나를 믿고
한 편만 봐.
라면
순

자꾸 권하니
딱 한 편만 볼게.
캬캬캬캬,
너무 재미있어.
그렇지!
재밌다니까!!

나의 친구들아,
무엇이 그리도
재미있는가?

이거 진짜 재미있어.
재석이 너도
같이 한번 봐.

뭔데 그렇게
재미있어?

헉! 이건
우리가 멀리 해야
할 것 같은데.

'비례물시 비례물청'이라
예의에 어긋나는 것은
보지도 듣지도 말라고 했어.

흠, 나도 알고 있었으면서
이렇게 빠져 버렸네.

친구에게 나쁜 것을 권한
대승이에게 죄를 묻겠노라!
네 죄를 알겠느냐?

라면
순

내가 잘못했어.
재미있다고 봐야 할 것과
보지 말아야 할 것을
가리지 못했어.

훌륭한 자세다.
그럼 그 죗값으로
떡볶이값은
네가 내기로 하자~.

또 나야….

행동은 바르게 하고 말은 믿음이 가게 해요.

行必正直 言則信實

다닐 행 | 반드시 필 | 바를 정 | 곧을 직 | 말씀 언 | 곧 즉 | 믿을 신 | 열매 실

좋아, 좋아!
옛날 옛적
한 마을에 양을 치는
목동 학이가 살았어요.

어? 내가
양치기라고?
싫은데!

오빠,
도넛….
알았어.

어느 날,
학이는 양을 치다
너무 심심해졌어요.
심심해.

그래서
마을 사람들에게
거짓말로
늑대가 나타났다며
소리쳤어요.

늑대가
나타났다!

마을 사람들은
몽둥이를 들고 달려왔지만,
늑대는 없었어요.

더 빨리 오세요!
늑대가 벌써
도망갔잖아요!

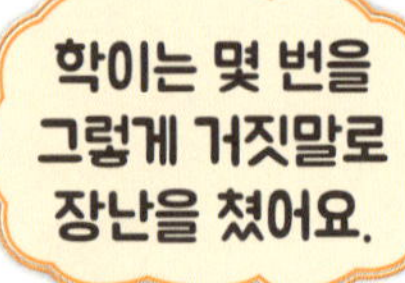
학이는 몇 번을
그렇게 거짓말로
장난을 쳤어요.

도넛!
도넛!

결국
진짜 늑대가 나타나
양들은 모두
잡아먹혀 버리고.

학이는 결국
양값을 물어 주게
되었대요.

빨리 도넛 줘.
이제 다 들었잖아.

자,
여기서 문제!
잉?

이 이야기와
관련된 사자소학엔
어떤 말이 있을까요?

흠, 내가 그걸
어떻게 알아!
뭐지?
뭐지?

'행필정직 언즉신실'
입니다.
불쑥

정답!
상으로 도넛은
재콩이에게
주겠습니다!

약속은 이게
아니잖아!

재콩아,
나 한 입만 주라.
네, 같이
나눠 먹어요.

오늘의 미션
거짓말하고 싶을 때 '멈춰!' 외치기
복수
하겠어.
학선아,
곶감 먹을래?
정말! 뭐야,
탁구공이잖아!
학이, 멈춰!
하하하, 메롱 메롱,
거짓말이지롱~.

일을 할 때는 시작을 잘 계획하고 말을 할 때는 나의 행동을 돌아봐요.

作事謀始 出言顧行

지을 작 | 일 사 | 꾀할 모 | 비로소 시 | 날 출 | 말씀 언 | 돌아볼 고 | 다닐 행

재석이네

내가 그렇게 하는
이유는….

언젠가
세계 최고의 부자를
꿈꾸기 때문이지.

성공한 사람의 실수는
그를 따르는 많은 사람에게

영향을 주거든.

그것을 다른 말로 하면
리더십이라고도 하지.
리
더
십

헉,
이렇게 중요한 순간에
잠을 자다니.
드르렁

학아, 날 배우고
닮고 싶다며….

사실
학선이 피해서
자러 온 거지?

학아,
도대체 밤새
뭘 한 거야?

나 밀린
숙제하느라
늦게 잤어.

사람이
낮에 활동하고
밤에 자야지.

네 말이 맞는데,
암튼 그렇게 됐어.

날 닮으려면
이러면 안 되는데….

일할 때는 시작을 잘 계획하고,
말할 때는 나의 행동을 돌아보라 했거늘.
학아, 너의 행동을 좀 돌아봐!

몰라….

학아,
그러니까….
쌩~

나 내일부터 달라질게.
재석아, 내일 봐~.

오늘의 미션
일일 계획 세우기
형님,
제 계획표가
어떻습니까?
잘 세웠다. 항상
지길 수 있는 계획을
세워야 한다.

09

덕을 지키고 대답할 때는 신중하게 해요.

常德固持 然諾重應

항상 상 | 덕 덕 | 굳을 고 | 가질 지 | 그러할 연 | 대답할(허락할) 낙 | 무거울 중 | 응할 응

학선이가
놀라잖냥.

컹컹!!
냥냥!!

냥냥!!
컹컹!!

깨갱.

고마워,
길냥아.

아프지?
꼬리를 다쳤네.

이 고마움을
어떻게 보답해야 할지.

그런 거
필요 없다냥.

꼭 주고 싶다면
츄르 하나면
된다냥.

알겠어.
내일 오후 3시에
여기서 만나자.

고맙다냥.
내일 여기서
기다리겠다냥.

다음 날
아, 늦었다.
학원에 달려가야겠어.

근데…
뭔가 잊은 게
있는 것 같은데.

….

사자소학 서당
네!
선생님!

'상덕고지 연낙중응'이라
항상 덕을 지키고,
대답할 때는 신중하게
해야 한다는 말이란다.
常德固持 然諾重應
상덕고지 연낙중응

아! 맞다!!
길냥이랑 약속!

어떡해!!

왜 이제 왔어?
널 기다리던 길냥이가
그만 망부석이
되어 버렸어.

엉엉,
미안해.

정말
미안해….

그렇게 미안하면
사과하면 되지.

정말 망부석이
됐는 줄 알았잖아.
미안해, 길냥아.

헤헤.
장난 좀 쳤다냥.
츄르는 학이 형님이
주었다냥!!
오빠,
너무해!

오늘의 미션
약속을 달력에 표시하기
이날, 저날, 요날
약속이 있네.
약속 달력
힝, 적을
약속이 없잖아.
약속 잡으러 가자~.

10

다른 사람의 단점을 말하지 말고 나의 장점을 믿지 않아요.

莫談他短 靡恃己長

없을 막 | 말씀 담 | 다를 타 | 짧을 단 | 쓰러질 미 | 믿을 시 | 몸(자기) 기 | 길 장

빨리 날
따라오라고.

슈우웅

힝, 속상해.

수업 시간
그래서
이번 시간에는….

아침부터
너무 뛰었나 봐.
자꾸 눈이 감겨.
꾸벅
꾸벅

쿨~

학이 꿈속
여기가
어디지?

어디긴!
네 황천길이지.

누구세요?
어디로 절 데리고
가시는 거예요?

척

난 저승사자다.
염라대왕의 명령으로
너를 잡아가고 있다.
으헝

으앙,
잘못했어요~.

넌 너의 잘못을
알겠느냐?

잘 모르겠어요.

왜 친구를
놀리고 마음을 아프게
하였느냐?

다음부터는
안 그럴게요.
잘못했어요.

거기다
잘난 척까지
하였다지.

헉!
어떻게 아셨지?

다른 사람의 단점을 말하지 말고,
나의 장점을 믿지 말라 하였다.

사자소학에서
무엇이라 하느냐?

막담타단 미시기장.
막담타단 미시기장.

학이
잠꼬대한다.
하하하.

오늘의 미션
친구 배려하기
대승아,
이침엔 미안해.
나랑 달리기 연습하면
잘 달리게 될 거야.
고마워.
함께 뛰어 줘서.
나도! 같이!!

5장

열심히 배우고 노력해요

아침 일찍 일어나고 밤늦게까지 공부하며 공부를 게을리하지 않아요.

夙興夜寐 勿懶讀書

이를 숙 | 일 흥 | 밤 야 | 잠잘 매 | 말 물 | 게으를 라(나) | 읽을 독 | 글 서

학이네

우아,
떡이다!

학이 넌,
먹과 붓, 종이를
준비해 오렴.

그건 왜
갑자기….

준비했어요.

이제 난 떡을 썰 테니,
넌 글을 쓰거라!

아! 한석봉과
그 어머니의 이야기군요.

그래.
자, 불을 끌게.
딸깍

알겠어요.
그럼 전 글을
쓸게요.

네가 글씨를
잘 쓰면,

야참으로 떡을
먹을 수 있단다.

오예~.

잠시 후

학아,
불을 켜 보거라.

네, 어머니.
딸깍

흠….
글씨가
엉망이구나.

내가 썬
떡을 보아라.

반듯하게
썰려 있어요.
저도 더욱
노력하겠습니다.

내가 떡은
이쁘게 잘 썰지.

역시 우리
엄마는 최고!

호호호.
노력한다니
한 개만 맛보렴.

정말 맛있어요!
어머니, 딱 한 개만
더 먹어도 돼요?

맛있다니
기분이 좋구나.
딱 한 개만이야!

냠냠.
마지막으로 하나 더….
진짜 이게 마지막….

학아!
노력한다며….
오늘도 공부는
틀렸구나.
드르렁

오늘의 미션
숙제 먼저하고 놀기
숙제가 먼저냐?
놀기가 먼저냐?
그것이 문제로다.
곰곰
학아,
그것이 왜 고민이냐?
당연히 숙제부터지!

처음 글자를 배울 때부터 글자의 획을 바르게 쓸 수 있도록 연습해요.

始習文字 字畫楷正

비로소 시 | 익힐 습 | 글월 문 | 글자 자 | 글자 자 | 그을 획 | 본보기 해 | 바를 정

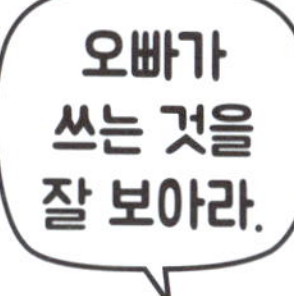
오빠가
쓰는 것을
잘 보아라.

후다닥

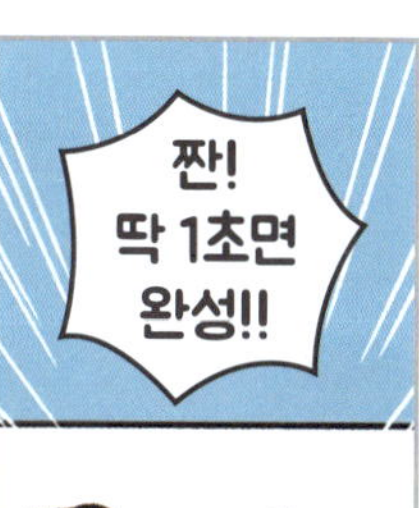
짠!
딱 1초면
완성!!

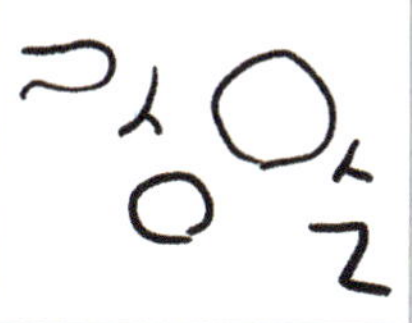

뭐야,
외계어야?
못 알아보겠어.

이것은…
우리 초상화가
아닌가!

저리 가!
무슨 소리를
하는 거야?
아이고,
지렁이 살려….
휙
휙

아무튼
내가 가르쳐 준 걸
잘 기억하라고. 흠흠

싫어.
난 선생님 말씀대로
또박또박 정성 들여서
쓸 거야.

다음 날, 학교

자, 이번 시간엔
어제 내 준 숙제인
동시를 발표해 볼 거예요.

동시 발표
가을바람이 불자
나뭇잎이 장단에 맞춰
살랑살랑 춤을 추네.
작은 빗방울이
창문을 톡톡톡 두드리면
마음도 깨끗해진다.

다들
잘 썼군요.

??

학아, 도대체
뭐라고 쓴 것이냐?
전혀 모르겠다.

선생님,
제가 읽어 드릴게요.

엥?
뭐라고 쓴 거야?
외계어가 맞네.
글씨를 쓸 때는
누구나 알아볼 수 있게
써야 해요.
학선이 말을
들을걸.
하하하

오늘의 미션
동시 따라 쓰기
허허, 역시
명필이로구나!
나도 할 수 있다고.
학선이 배는 똥배
학이 배는 예쁜 배
외계어가
한글로 바뀌긴 했는데,
왜 내 배가 똥배야?

책이 어질러져 있으면 반드시 정리정돈해요.

書冊狼藉 每必整頓

글 서 | 책 책 | 이리 랑 | 깔개 자 | 매양 매 | 반드시 필 | 가지런할 정 | 조아릴 돈

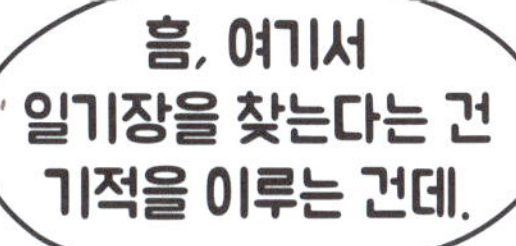
흠, 여기서
일기장을 찾는다는 건
기적을 이루는 건데.

기적?
무슨 기적?
기적이라니?
학이가
방을 청소했니?

다들 왜
그러세요?

'서책랑자 매필정돈'이라
책이 어질러져 있으면
반드시 정리정돈하라고 했단다.
방을 좀 청소하는 것이 어떻겠니?

흠, 그렇게
심한가?

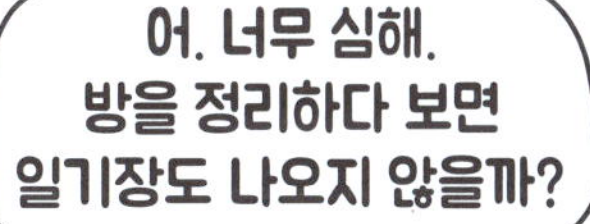
어. 너무 심해.
방을 정리하다 보면
일기장도 나오지 않을까?

그래.
내가 기적을
만들어 보자.

정리합시다~.
정리합시다~.

무슨
구경났어요?

당연하지.
네 방에선 희한한 물건들이
나오거든.

헐…, 봐라.
1년 전에 먹던 케이크가
나왔잖니!
헉! 아기 때
가지고 놀던
딸랑이까지.

우아,
구경하는 재미가
쏠쏠하구나!

힝, 그만 놀리세요.
일기장아, 어디 있니?

혹시
학선이 방에 있나?
학선이 방도
정리하자!

흠, 뭔가
산으로 가는 것
같은데….

으앙!
온 집안을 청소했는데도
일기장이 안 나왔어!

다음 날, 학교
학이일기
이런!

오늘의 미션
학교 사물함 정리하기
내 사물함
어때?
오!
깔끔하군.

부지런히 공부하고 아끼는 습관은 집안을 일으키는 바탕이 돼요.

讀書勤儉 起家之本

읽을 독 | 글 서 | 부지런할 근 | 검소할 검 | 일어날 기 | 집 가 | 갈 지 | 근본 본

다음 날

강릉까지 왔으니
오죽헌도
들러 보자꾸나.

네~.

우아, 여기가
오죽헌이구나!

어?
이분은….

오빠가 좋아하는
5만 원권에
그려진 분이잖아.

그렇단다.
율곡 이이의 어머니인
신사임당이란다.

신사임당은
절약과 교육을 중요하게
생각했단다.

'독서근검 기가지본'이라 하여
부지런히 공부하고 아끼는 습관은
집안을 일으키는 바탕이라는
시지소학과 비슷하네요.

그렇단다.
공부를 하고,
절약을 하니
돈이 모이고.
공부를 했으니,
그 돈을 잘 지킬 수
있었던 거지.

아버님, 돈 버는 법을
이제 알겠사옵니다.

그래. 학이 너도
지금부터 아끼면
부자가 될 것이다.

네.
아끼고 공부해서
부자가 될게요.

자, 이제
집으로 돌아가자!

우리 다음
휴게소에서 가볍게
식사나 할까?
부릉

휴게소
전 우동이랑
김밥 먹을래요.

전 돈으로 주세요.
저축할래요.

진심이냐?
끄덕

오늘은
힘들겠네요.

하하하!

오늘의 미션
절약하여 남은 돈 저금하기
힝~.
아무 맛도 안 느껴져.
얘들아,
한 번만 보거라.
두 번 보면 짜다.

눈으로 보고 귀로 들을 때 집중해서 똑똑하게 보고 들어요.

視必思明 聽必思聰

볼 시 | 반드시 필 | 생각할 사 | 밝을 명 | 들을 청 | 반드시 필 | 생각할 사 | 귀 밝을 총

하하하.
그것은 내가
알려 주지.

대승아,
너 수업 시간에
눈으론 선생님을 보지만
머리론 딴생각하지?

히히,
어떻게 알았어?
오늘도 맛있는
크림빵 생각했지.

그게 바로
이유야!

수업에 집중하지 않으니
수업 내용이 이해가 안 되지.

아~, 그래서
대승 형님 성적이
안 좋은 거군요.

재석이 너
완전 족집게다.

그래서 사자소학에서는
'시필사명 청필사총'이라 했지.

나도 알아!
눈으로 보고, 귀로 들을 때
집중해서 똑똑하게 보고
들으라는 말이지?
와~,
이런 것도 알고
제법인데!
그리고 집중력을
올리는 방법이
또 하나 있어.
목수가
집을 고치려면
무엇을 해야
할까?
우선 필요한
도구를 준비해야지.
맞아. 어떤 일이든
이런 것들을 준비해야
시작할 수 있잖아.
그렇다면
공부를 하려면
책이나 연필이
가까이 있어야겠네.

오늘의 미션

수업 시간에 선생님께 집중하기

새벽에 먼저 일어나 세수하고 양치질하며 하루를 준비해요.

晨必先起 必盥必漱

새벽 신 | 반드시 필 | 먼저 선 | 일어날 기 | 반드시 필 | 대야 관 | 반드시 필 | 양치질할 수

다음 날 아침

학아, 학선이는 벌써 학교에 갔단다.
정말요? 우앙, 엄청 늦었다!

학이는 또 지각이군.

이상하다. 학선이는 지각 한 번이 없는데….

어찌, 같은 집에 사는 학이는 번번이 늦는 것이냐?

죄송해요, 선생님.

딩동댕동

이상하다. 왜 나만 맨날 지각하는 걸까?

그야 늦게 자니까 그렇지.

일찍 잠자리에 들면
일찍 일어나게 될걸!

그런가?
좋아! 내일 아침엔
일찍 일어날 거야.

그 전에 밤 9시 이후
핸드폰, 컴퓨터 금지! 어때?

왜? 둘 다
얼마나 재미있는데.

자기 전에
보는 자극적인
영상은….

뇌에 강한 자극을
주어서 잠들기
어렵게 만든대.
으윽!

오늘의 미션

일어나면 바로 세수하고 옷 갈아입기

공부에 부지런히 힘쓰면 부모님께서 기뻐해요.

勤勉工夫 父母悅之

부지런할 근 | 힘쓸 면 | 장인 공 | 지아비 부 | 아비 부 | 어미 모 | 기뻐할 열 | 갈 지

네 꿈은
뭐야?
난
큰 냥냥이다냥.
우리 학이가
고민이 많구나.
친구들은
모두 꿈이 있는데,
저만 꿈이 없어요.
학아,
네가 좋아하는
것이 뭐니?
전 노는 거,
먹는 거….
에휴, 전
좋아하는 게
왜 다 이런 거죠?
아니란다.
누구나 좋아하는
일이야.
아빠도
노는 거, 먹는 거
다 좋아한단다.
정말요?

아직 진짜 좋아하는 걸
찾지 못한 것 같구나.
우선 공부를 열심히 해 보렴.
전 사실 공부를
왜 해야 하는지도
잘 모르겠어요.
아주 간단하지.
지금은 학생,
즉 공부하는
사람이니까.
그렇긴 한데
선뜻 마음이 가지
않아요.
하지만 차곡차곡 공부해 두면,
너의 꿈이 생겼을 때
좀 더 쉽게 다가갈 수 있단다.
그렇겠네요.
꼭 해야 하는 것이라면
즐거운 마음으로 해 보면 좋겠구나.
네. 공부가
재밌어지는 이유를
찾아볼게요.
그리고 '근면공부 부모열지'라
공부에 부지런히 힘쓰면
부모님이 기뻐하신다는 말이 있단다.

왜 부모님이 기뻐하세요?

그건 자식에게 도움이 되는 일이니 기뻐할 수밖에 없구나.

그렇군요. 공부는 저에게 이로운 것이군요.

오빠도 나랑 열심히 공부하는 거다!

이렇게 기쁠 수가 학춤이 절로 나오는구나!

덩실

하하하

덩실

신난다!!

우리 친구들 사자소학을 재미있게 잘 익혔나요?

아부지, 저는 사자소학에서 배운 내용을 배운 것에서 끝내지 않고 생활 속에서 실천하려고요.

저도 그럴래요. 오빠를 보면 실천이 얼마나 중요한지 알 것 같아요.

뭐지? 기분이 이상한데….

자, 이제 우리 친구들에게 인사하자꾸나.

다음에 만날 때까지 더 씩씩하고!

가족을
사랑하고!

예의 바르게
행동하고!

잠깐!!

친구와 사이좋게
지내고!

우애도 깊게!

바른 마음도
지켜야 한다냥.

다음에 민나요~.

꼭!
꼭!

대승이도
잊지 마세요!

초판 발행 2026년 3월 5일
초판 인쇄 2026년 2월 26일

글·그림 무웅

펴낸이 정태선
펴낸곳 파란정원
출판등록 제395-2010-000070호
주소 서울특별시 은평구 가좌로 175, 5층
전화 02-6925-1628 | **팩스** 02-723-1629
제조국 대한민국 | **사용연령** 8세 이상 어린이
홈페이지 www.bluegarden.kr | **전자우편** eatingbooks@naver.com
종이 다올페이퍼 | **인쇄** 조일문화인쇄사 | **제본** 경문제책사

ISBN 979-11-5868-312-2 74000
979-11-5868-300-9(세트)